मेरी काव्य रचनाए

नयी आशाओ की किरण

सपना बैनर्जी

ISBN 979-8885915656-6

मै यह किताब समस्त गुरुजन और अपने परिवार को समर्पित करना चाहूंगी जिन्होंने मेरी इस किताब को लिखते समय किसी ना किसी रूप में मेरी मदद की और मुझे प्रेरित किया ।

लेखन कार्य बिना किसी प्रकार के बांधा के संपन्न हो सका इसलिए मै ईश्वर के समक्ष नतमस्तक हूँ।

क्रम-सूची

क्रम-सूची

क्रम-सूची

मेरी

काव्य

रचनाएँ

नयी आशाओ की किरण

ज़िन्दगी तारतम्य के विभिन्न अहसासों को सहज़

अभिव्यक्ति कराती यह रचनाएँ

सपनाबैनर्जी

• x •

वर्ष 2021 से मेरी कवितालिखने की शुरूआत हुई ।जिंन्दगी जब अपनी रफ्तार में चलती है

तोसमय कैसे बीतताहै इस बातका पता हीनहीं चलता ।परन्तुकभी - कभी जिंन्दगी ऐसे

मोड़ लेलेती है , कि अचानक सब कुछ बदल जाता है तब हमें जिंन्दगी का महत्व समझ

आता है ।ऐसे ही मेरीजिंन्दगीमें ऐसे मोड़ आए ।मुश्किलों से परेशान होकर उन दिनों

जीवन की हलचलकोमैनेंशब्दों मेंबाँधनें काप्रयास किया ।अपनी अभिव्यक्ति

को जीवन के कई रंगो को मैनें नई आशाओं में सहजनें की एक

छोटी सी कोशिश की है

मुझे साहित्य जगत की वर्तमान पीढ़ी के सविख्यात लेखक शोम वाटला जी

कासानिध्य मिलाऔर उनसे मिले प्रोत्साहन से मेरी कलम चल पड़ी।

मैं रचनाओं को प्रस्तुत ,Kindle Version , Paperback में प्रकाशित

करने का अथक प्रयास किया है ।

मैं श्री शोम वाटला जी का हृदय -तल से आभार व्यक्त करना चाहूँगी ।

अपने परिवार का जिनकेंसाथ के बगैर में कुछ भी नहीं कर सकती थी।

औरउन सभी साथियों का जिन्होंने किसी न किसी रूप में मेरी मदद की।

सपना बैनर्जी

लेखक के बारे में

सपनाबैनर्जीएक प्रारम्भिक कवियत्री बरेलीउत्तर प्रदेशसेहै।

यहमानती हैकि किसीभीकला और रूपमें लिप्त होनामस्तिष्कके

रचनात्मकपक्ष को दुरस्तरखने के लिएमहत्वपूर्णहै, एककवियत्री

जो अपने विचारोंऔर भावनाओं कोवोअपनी रचनाओं केमाध्यम

से अपनी भावनाएँव्यक्त करतेहै ।कालेज के समय से ही शौक था

कवितालिखनेकामगर   2021

मेयहशौकपुस्तकलेखनमेंबदलगया।

उनके द्वारा लिखी गई रचनाओं सेव्यक्तियों कोउनकेरचनात्मकअभिव्यक्ति

को जानने की मदद मिलेगी।

आप अपने सुझाव इनके कविताओंको पढ़ कर साझा कर सकते है।

नई आशाओं की किरण जिन्दगीके तारतम्य के विभिन्नअहसासों को

सहज अभिव्यक्तिकरातीयह रचनाएँ

प्रस्तावना

पावती (स्वीकृति)

विषय-सूचि

1. वन्दना

वन्दना के इन स्वरों में,
एक स्वर मेरा मिला लो।
वन्दनी माँ को न भूलो,
रात में जब मृत कणों में,
एक स्वर मेरा मिला लो।
जब हृदय का तार बोले,
श्रखंला कें बन्द खोले,
हो जहाँ अगंणित,
एक स्वर मेरा ,मिला लो।
वन्दना के इन स्वरों में,
एक स्वर मेरा मिला लो।।

2. कल्पना

कल्पना ही रह गई,
मेरी प्यारी कल्पना।
कल्प बीताकल्प आया ,
सोई रही मरी कल्पना।।
कल्पना को कल्पा था,
कई कल्पों पहले।
मगर, कल्पना तो कल्पना ही,
मात्र, बनकर रह गई।।
कल्पना ना करों मित्रों,
जो कल्पा है, उसे कल्प दो।
कई, कल्पना, कई,
कल्पो में ना बीत जाए।।

3. मुझे अच्छा लगता है

तेरा टूटना बिखरना,
फिर लहरों के साथ जुड़ जाना,
मुझे अच्छा लगता है।
एक-एक मोतियों का तेरा समेटना ,
उन उथल-पुथल पानी के बीच
बालू तैरती हुई आ जाती,
उन लहरों के किनारें,
तेरा टूटना बिखरना,
तेरा रोकर के मुस्कुरा देना,
किसी के दुख को,
अपने में समेट लेना,
मुझे अच्छा लगता है।
तू एक विशाल सागर है,
छोटी-छोटी नदियों को,
तू अपने में समेटती,
दर्जा देती अपने नाम का,
तेरा यह सब करना,
मुझे अच्छा लगता है।
तेरा टूटना बिखरना,
यह सब कुछ करना है,
मुझे अच्छा लगता है।।

4. अस्तित्व

क्या अस्तित्व का होना,
मनुष्य की कमजोरी है,
अपने होने का अस्तित्व ढूढ़ना,
जीवन की शुरूआत होती है,
इसके बाद प्रत्येक क्षण,
एक नई शुरूआत होगी,
प्रति क्षण एक ऊर्जा,
एक नई खुशी,
एक नया रहस्य सामने आयेगा,
एक नया प्रेम पनपेगा,
एक नई करूणा विकसित होगी,
जिसका अनुभव पहले,
कभी न हुआ होगा,
यही से ममता, सौन्दर्य,
कटुता, क्रोध, क्रूरता,
वेदना, स्नेह, अनुराग,
के प्रति एक संवेदना विकसित होगी।।

5. लम्हा

यादों की कशमकश में,
गुजर जाता है,
एक लम्हा,
गुजरे हुए लम्हे को देखकर,
यादें फिर सें,
हो जाती है जवा,
एक खुशी की लहर
एक पल के लिए आती,
हवा के झोंकों की तरह,
खुशबू फैलाती हुई,
कभी खुशी को,
आलिगंन करती,
तो कभी,
मन में,
कड़वाहट कर जाती
और निश्चल सी,
अडिक सी,
बन के,
रह जाता है,
एक लम्हा।।

6. मृत्यु तु सुन्दर है

मृत्यु तू सुन्दर है,
आत्मा पथ का सारथी,
निस्वार्थ परमार्थी,
शांत-सुबोध, सहज,
विश्वासनीय-आदरनीय,
स्मरणीय,
सत्य है।
प्रत्येक आशा के बाद,
एक परम् बाहुपाश,
सत्य से जुड़ी एक आश,
सहस्त्रों ओजस्व जीवन,
की मोती सी,
विशाल स्वाश मण्डल से आच्छादित,
निराकार, निरामय,
सुगम पथ की ओर,
निरालय में रहस्य सी,
रस्वादन कराती,
मुक्ति मार्ग को प्रस्तस्त करती,
विराट दायित्व लिए,
सुक्ष्मता को अवगत,
परम शांति लिए,
ज्वलंत जीवन को शांति प्रदान करती,
एक आशा के,

समाप्ति के पश्चात,
द्वितीय आश को समर्पित
मृत्यु तु सुन्दर है।।

समाप्ति के पश्चात,
द्वितीय आश को समर्पित
मृत्यु तु सुन्दर है।।

7. बलात्कारी लाश

बिजली की करंट,
जैसी दौड़ती हुई,
जिस्म में एक सिरहन,
सी, सिहर उठी।
क्योंकि,
नजरों के सामने,
पड़ी हुई थी,
एक बलात्कारी लाश
नग्न जिस्म,
उसमें ,
कपड़ों का कोई,
नामों निशान नही।
क्यों कि,
बलात्कारियों नें
बलपूर्वक,
बलात्कार किया था
कफन से तो ढक
दिया उसको
मगर,
आप-पास के
रक्त के कतरन
हृदय रहित मानव को,
झकझोर रहे थें।।

सपना बैनर्जी

8. विलिन ब्रहम

दर्पण के सम्मुख,
यदा कदा मैं स्वंय,
अपने प्रतिबिम्ब को,
जब-जब देखती हूँ,
हैरान रह जाती हूँ,
कि मै वो श्रद्धा हूँ,
जिसने मनु से,
प्रेम किया था।
मै वो श्रद्धा हूँ,
जिसने वंश का,
बीजा रोपण किया था।
और प्रेम के उस अंकुर से,
एक नव जीवन की,
उत्पत्ति हुई थी।
सरल प्रेम से भरी,
वो लालिमा लिए,
मुख मण्डल की आभा,
वो बलिष्ठ शाखाएँ
वो लम्बी भुजाएँ,
और मैं,
दो पसली की,
आशा सहित,
विकास वादी मानव।

क्या मै वही श्रद्धा हूँ,
जिसे अपनी पतिव्रता,
दर्शाने के लिए,
अग्नि से गुजरना पड़ा,
आज मेरे कर्तव्य,
है ही कहाँ,
मै आज सिर्फ,
अधिकार की ही,
अधिकारी हूँ।
यह सारा, वातावरण,
यह सम्पूर्ण वायुमण्डल,
यह सर्वश जीवमण्डल,
मेरे नही है,
केवल मात्र मेरे है।
यह प्राकृतिक संम्पदा,
जिसके लिए मै,
मानव अस्थि पिंजर,
का शिखर,
बनाने से भी न चूकूँगी,
और न ही,
रक्त गंगा बहाने सें।
क्या मेरा अस्तित्व,
मात्र,
स्वार्थ, लालच,
अहंकार, क्रोध,
और वासना,
के आभूषणों से,

आभूषित हो कर,
मात्र रह जाएगी।
क्या मै निश्चल प्रेम,
स्वार्थ विहिन जीवन,
और, क्रोध भावना से,
कभी,
उत्तीर्ण हो पाऊँगी,
बेशक,
जब,
सूर्य अस्त होगा,
अंधकार के पदार्पण के साथ,
तब मै भी अपने अस्तित्व को,
सिर्फ,
एक,
ब्रहम की तरह ही,
पाऊँगी।।

9. चाय का आनन्द

आओ चाय का आनन्द उठाये,
कुछ आप अपनी कहो,
कुछ हम अपनी सुनाएँ,
दिल की कश्मकश और,
उबार को बाहर निकाले।
चाय का यह आनन्द ही,
बड़े से बड़े काम करवाएँ,
मन भावक मीत मिलवाएँ
दिलो की दूरी को भी
यह कम कर जाए,
चाय का यह आनन्द ही,
दिमाग की खिड़की को खोले,
अटके हुए काज सँवारे,
नित नए दिन की,
चर्चा को बड़ावे
आओ चाय का आनन्द उठाये,
कुछ आप अपनी कँहो,
कुछ हम अपनी सुनाएँ।।

10. स्त्री

हाँ, मै स्त्री हूँ,
मै इस जग में,
हर किरदार निभाती हूँ।
माँ बन, मै घर के सूने आँगन को,
किलकारियो बच्चों की,
स्नेह और ममत्व से भर जाती।
सबकी पीड़ा का हरती मै,
अपनी आँचल को प्रसार मै,
अमृत भर देती, सबके जीवन में।
बहन बन मै, भाइयों की लाडली बन,
अपना हक जताती, पावन कर जाती,
माँ जैसा ही, ममत्व लुटाती
इस बगिया में,
पत्नी बन, संगनि बन, पिया की,
सुख दुख की भागीदार बन मै,
हाथ मै बटाती।
बेटी बन, घर अँगना मे,
छम-छम पायल बाँध मै
अठखेलिया करती हुई
सबके मन को मोह जाती मैं,
मेरे ही रूप है सारे,
हाँ, मै स्त्री हूँ,
मै ही इस जग में,

हर किरदार निभाती हूँ।।

11. दोस्ती, मोहब्बत और हम सफर

कितनी खूबसूरत हो जाती,
यह जिन्दगी अगर,
दोस्ती ,मोहब्बत और हमसफर,
तीनों मिल जाते एक ही में,
यह सफर कितना,
सुहावना हो जाता।
किसी को किसी के,
विरह में, नहीं रहना पड़ता,
क्योंकि,
दोस्त, दिल की बखूबी,
बात समझता है,
मोहब्बत उसमें बेपनाह,
हो जाती,
और हम सफर सा,
जिन्दगी भर का,
साथ हो जाता।
हाँ होते है, ऐसे भी,
जिनमें होते है,
सारे यह गुण,
दोस्ती मोहब्बत, में और,
मोहब्बत, हम सफर बन जाता।।

❧❦❧

12. जिन्दगी की एक ऐसी भी यात्रा

शिशु जब माँ के गर्भ में आता,
मर्मत्व का एक तूफान,
जाग उठता, माँ के मन में,
सोते जागते वो प्यारा सा,
नन्हा सा बीज,
सदा ही मन में,
समाएँ रहता है,
रात-दिन ढलते जाते।
नन्हा सा बीज,
धीरे-धीरे,
माँ की ममता मयी,
स्पर्श को पाकर,
शिशु,अपने आकार में,
आने को, यह लगता,
माँ, और भी सजग,
हो जाती,
क्या खाना, क्या पीना है,
अजन्में शिशु के अनुरूप चलती,
और फिर इक दिन,
जन्म हो जाता शिशु का,
माँ, लाखो बलाएँ हरती शिशु का,
यही सफर चलता जाता,

यही शिशु, बड़ा होकर,
बाल अवस्था में,
शनेः शनेः कुछ वर्षो बाद,
आ जाता जवानी में।
जवानी की जिन्दगी काट कर वह,
आ जाता वृदाअवस्था में,
उसके बाद, एक दिन मृत्यु,
जिन्दगी की यात्रा का समापन हो जाता,
और फिर आत्मा, फिर,
नए शरीर को धारण के लिए,
जिन्दगी की नई यात्रा के लिए चल पड़ता।।

13. निश्चल आँखे

वो तुम्हारी निश्चल आँखे,
इन आँखो में छिपा है,
कई, आशाए कई निराशाँए,
आसमाँ से परें,
इस धरा में,
अनेको अरमान भरे,
मगर,
चुपचाप,
वेदना की वेदी में पड़े हुए,
सिसकिया भरते हुए,
अनेको अरमान रादेंते हुए,
नजर आते है।
कभी एक क्षण,
आशा से भर जाते है,
दूसरे क्षण,
अरमानों का टूटना,
फिर आशा की किरण बन,
फिर से,
समुद्र की लहरों की तरह,
बहने लगूगी,
और विशाल समुद्र,
के बहाव में खों जाऊँगी,
और कभी,

मुझ,
सामना नही करना पड़ेगा,
अमावस्या की निशी रात्रि का।।

14. जन्जीर

क्रूर वादी समाज में,
नारी की इच्छाओं कों,
बाँध कर,
रख दिया जाता है,
एक कोने में,
मगर,
कब तक,
यह क्रूरवादी समाज,
नारी की इच्छाओं को,
बाँध पाएगाँ,
नही,
जब नवीन सूर्य का,
उदय-होगा,
सूर्य की पहली,
किरणों के साथ,
नारी,
स्वंय को,
बलशाली बना,
स्वंय को,
सदा के लिए,
मुक्त कर लेगी,
इन जंजीरों से ।।

15. कौन सुखी

चारों तरफ हाहाकार चितकार,
बताओं कौन सुखी,
नही सुखी, हो पाया आज तक,
इस जग में,
सब दुखीः ही दुखीः,
कोई, गरीबी से,
कोई अमीरी से,
कोई अपने आप सें,
कोई शरीर से,
कोई माया से,
सबके लिए,
यह अभिशापित।।

16. यर्थात् की चपेट में

यर्थात् की चपेट मे,
जब देखा था,
वो नीला आसमान,
वे हरी-भरी वसुन्धरा,
कल-कल करती,
वो स्वच्छ,
जल की धारा
और वो
भीगी भीगी सुगंन्धित
वातावरण को
महकाने वाले
सुशोभित पुष्प।
इन्ही बीच,
एक नव, जीवन की उत्पत्ति,
नए अंकुरित पुष्प,
नए जीवो की उत्पत्ति,
फिर शुरू हुआ,
सिलसिला,
जन्म और मृत्यु का।।

17. जिन्दगी बहुत ही आसान बन जाएँगी

अकेले ही सफर करना पड़ता है इस...
दुनिया में,
कामयाबी के लिए,
काफिला, दोस्त और दुश्मन अकसर कामयाबी,
के बाद ही बनते है।
जिन्दगी सिर्फ एक बार मिलती है,
ये झूठ है,
जिन्दगी तो हमें रोजाना मिलती है,
मौत ही सिर्फ इक बार मिलती है।
इंन्सान की परेशानियों की सिर्फ,
दो ही वजह है,
वह तकदीर से ज्यादा चाहता है,
और वक्त से पहले चाहता है,
जब वह रास्ते समझ जाता है,
तब तक वापस लौटने का वक्त हो जाता है,
इच्छाओं के रास्ते बहुत दूर तक जाते है,
बेहतर है कि हम,
जरूरतों की गली मुड़ जाए,
तो जिन्दगी बहुत ही आसान बन जाँएगी।।

18. हमशक्ल

ओ हमशक्ल,
तू मै नही,
तू मेरा हमशक्ल है,
तेरा वो भावुक मन,
तेरा, मन को प्रफुलित,
करने वाला तेरा,
ओजस्वी तन,
तू सुगन्ध पूर्ण एक,
मन की अभिलाषा,
ज्वलन्त जीवन का,
शांति प्रदान करन वाली,
सुगम मार्ग दिखलाने वाली,
मन की कुठिंत भावानाओ का,
समापन,
तू ही आशा पथ का सारथी,
निस्वार्थ, परमार्थी,
तू सत्य से जुड़ी एक आशा,
तू ओजस्वी परमार्थ,
तू सद्गुण की आस्था,
इस स्तम्भन,
बुद्धि की परिकास्था,
इस निर्मय शरीर का,
भावार्थ,

तू कोई और नही,
मेरी ही काया,
तू ही जीवन की कटु सत्यार्थ,
तूझसे सब सर्वसद्गुण मिल जाए,
बस इतनी सी,
मेरी अभिलाषा।।

19. सबसे अलग हो तुम

सुनो,
मेरी चाय के तलब,
से भी अहम हो तुम,
कैसे कहूँ सबसे,
अलग हो तुम,
सुनाऊ मै गाथा,
तुम्हारी.........
भव्य, विभोर, मनमोहक.........
है मुस्कान तुम्हारी।
माधुर्य का रस तुम्ही से,
बसन्त मे आई बहार तुम्ही से,
पेड़ो की मुस्कान, तुम्ही से,
अमृत भी तुम्ही मे बसा,
इस अम्बर की पहचान तुम्ही से,
वासना का मुक्तिदाता तुम्ही हो,
तुम्ही हो तपवन, तुम्ही हो उपवन,
इस धरा की पहचान तुम्ही से,
शोभाग्य का चिन्ह तुम्ही हो,
सुगम रास्तों का द्वार तुम्ही हो,
भटकतें राही को राह दिखाते तुम्ही हो,
मनमोहक हँसी के दाता तुम्ही हो,
इस मानवता की पहचान तुम्ही से,
भवसागर को पार, लगाते तुम्ही हों।।

20. उम्र जल्दी बढ़ती है

उम्र बड़ने से मुस्कराहट,
नहीं रूकती.........
लेकिन मुस्कराहट रूकने से,
उम्र जल्दी बढ़ती है.........
इसलिए,
विंदासमुस्कराते रहिए.........
यह मुस्कराहट रूकने ना पाए,
दुनियाँ तो टोकती ही रहेगी,
हर पल, जहर जिन्दगी,
मे घोलती ही रहेगी,
लेकिन,
मुस्कराहट ने जिस दिन,
आँखे मुंद ली तो,
उम्र ने झुर्रिया और,
सफेदी की चादर ओड ली तो,
निश्चल मन नें,
शरीर में बीमारियों का,
दामन थाम लिया तो,
इसलिए,
उठो,
तुम सदा,
मुस्कराओं,
क्योकि,

मुस्कराहट रूकने से,
उम्र जल्दी बढ़ती है।।

मुस्कराहट रूकने से,
उम्र जल्दी बढ़ती है।।

21. अकेले रहने की कला

अकेलापन लम्हों को जीनें,
का तरीका ढूंढ रही थी मै,
खुद को ही खुद से मिलने का,
नायाब तरीका ढूंढ रही थी मै,
खूद को ही मैने,
खुद से ही खो दिया,
खुद पे गर्जी,
और खुद से ही खुद को,
भूला दिया........
यह अकेलापन भी अच्छा है,
खुद का ही खुद को,
जानने का एक,
नायाब तरीका है।
यह तन्हाई जरूर है,
मगर बेवजह भीड़ से,
काफी अच्छा है,
ओ तन्हाई यू ना,
तुम इतराओं तुम,
जिन्दगी मे, हर सख्स,
के जीवन में, यह........
एक बार जरूर आता है,
भागम भाग इस दूनिया......
कि भीड़ में,

सीख.......
दे जाता है और,
अकेले रहने की,
एक कला सिखा जाता है।।

22. हम सफर बन जाता हैं

सम्बन्धों की सीढ़ी,
होती है पाँच,
पहली सीढ़ी है देखना,
दूसरी सीढ़ी है अच्छा लगना,
तीसरी सीढ़ी है चाहना,
चैथी सीढ़ी है पाना,
पाँचबी सीढ़ी है सबसे,
कठिन निभाना........
निभाना हर किसी से,
नही होती,
जमीन आसमान एक,
करना पड़ता है।
मन से मन का,
मिलना भी जरूरी होता है,
बिन बोले बात समझ जाना,
उसकी नित नई भावना,
का सम्मान करना........
वैसे ही कोई नही हो जाता,
दोस्त से वेपनाह मोहब्बत हो जाती है,
और वेपनाह मोहब्बत से,
वह जिन्दगी की राह में,
हम सफर बन जाता है।।

23. बेटियाँ

खिलती हुई कलियाँ है बेटियाँ,
माँ बाप का दर्द समझती है बेटियाँ,
लक्ष्मी का रूप है बेटियाँ,
घर को रोशन करती है बेटियाँ,
हर दर्द की दवा है बेटियाँ,
मुश्किलों को दूर करती है बेटियाँ,
कल का उज्जवल भविष्य है बेटियाँ,
घर को खुशियों से भर देती है बेटियाँ,
इस भूमण्डल का गौरव है बेटियाँ,
शक्ति का प्रतीक है बेटियाँ,
धरती का वरदान है बेटियाँ,
इस घरा का अभिमान है बेटियाँ,
उजरी हुई बगियाँ को सहेजती है बेटियाँ,
सबकी प्यारी होती है बेटियाँ,
बेटा आज है तो आने वाला कल है...
बेटियाँ।।

24. खब्बाव में मुकम्मल कर दूँ

अहसासों के पाँव नही होते,
फिर भी दिल तक, पहुँच ही जाते है,
राह चलते हुए अकसर, यह गुमा होता है,
वो छूप कर, मुझ को, देख रहा हो जैसे,
एक लम्हें में सिमट गया, सदियों का सफर,
अहसासों के साथ में, थम गया हो जैसे।
अभी कुछ ही लम्हों, पहले मिले हो मगर,
मगर लगा, हमकों सदियों पहले मिले है... जैसे,
मुझको तुम्हारी हर मुलाकात में ऐसा महसूस होता है।
जान बाकी है मगर, साँस रूकी हो जैसे,
रोशनी का आलम जब यहाँ होता है।
ऐसा लगता है खयाब मेरे, दिल की जगी जैसे,
बन के आईना जब भी मेंरे दिल के करीब होते हो,
जिन्दगी के हर खबाव, में मुकम्मल कर दूँ।।

25. वो ही बेहतर होता है

जिंन्दगी की राहो में,
तन्हा सी खड़ी हुँ मै,
उस वक्त के इन्तजार में,
जहाँ इसी किसी अपने से,
इस कदर, मिला दिया,
शमा तो रोशन हुई,
मगर हर दर्द दिखला दिया,
उलफत, उलझन इस.....
कदर हावी होती गयी,
शुक्रिया जिन्दगी तूने जीने का,
हुनर सिखा दिया,
कैसे बदलते है लोग,
कागज के टूकड़ो ने बता दिया,
पराये अपने की पहचान को,
आसान बना दिया,
ऐ जिन्दगी शुक्रिया,
तूने जीने का हुनर सिखा दिया।
सब कुछ हासिल नहीं होता,
जिन्दगी में यहाँ,
किसी काश तो किसी अगर,
अकसर छूट जाता है,
मुस्कराहट हर जख्म........
सहने की क्यू, आदत सी हो गई,

जिन्दगी तो हर सितम,
मुझ पर ही आजमाने लगी,
जिन्दगी की राह पर,
अकसर ऐसा होता है,
फैसला जो मुश्किल हो,
वो ही बेहतर होता है।।

26. जिन्दगी की लड़ाई

जिन्दगी की लड़ाई,

खुद लड़नी पड़ती है,

लोग साथ कम,

ज्ञान ज्यादा देते है।

अपने लहजे को हम,

इस कदर सम्भाल चलते है।

जिन्दगी आग दरिया है,

यह जान लिया मैने,

खूद को ही खूद से,

सम्भाल लिया मैने,

वक्त से आँखे चुराकर,

मै पीछे चली जाती,

टूटे सपनों को मै फिर से,

अरमानों से सजाती,

खुशनुमा दौर था जिन्दगी का,

आँखे बिछाँए बैठे रहते थे,

दर्द का शैलाव बना यह जिन्दगी,

अपने वजूद को इस कदर,

बना लिया है हमने,

क्योकि हमें पता है,

जिन्दगी की लड़ाई,

खुद लड़नी पड़ती है।।

27. फूल और काँटे

झूठ कहते है लोग,
संगत का बड़ा असर होता है,
काँटो को आज तक महकने,
का सलीका नहीं आया,
दोनों का जन्म एक ही कुल में होता,
फूलों संग काँटो का,
चोली दामन का नाता होता,
फूल अपनी खूशबू और,
सोन्दर्य से सबका अन्तरमन
खुश कर देता है,
मगर काँटे........
दामन में शूल भेद कर जाते है,
प्रकृति के पास दोनों ही है,
एक पुरस्कार दूसरा दण्ड।।

28. वक्त

ना किसी का अपमान करो,
ना ही किसी को तुच्छ समझों।
आप शक्तिशाली हो सकते है पर,
वक्त आपसे ज्यादा शक्तिशाली है,
यह वक्त ही ऐसा है जो सबको अपनें.....
अहमियत, होने का परिचय दे जाता है,
अच्छा वक्तइंसान को उसके जीवन में,
जहान रोशन कर जाता है।
बुरा वक्त इंसान कों उसके जीवन में.........
सीख दे जाता है।
मगर कर्मठ लोगों के जीवन में,
यही नया इतिहास रचा के जाता है।
जो इंसान वक्त की चुनोतियो का,
तन मन जो करता है समर्पित,
यह वक्त किसी बेक्त वक्त में,
हमें ऐसा वक्त दिखलाता है,
जीवन में जो कभी ना भूलें,
एक ऐसी, सीख सिखला जाता है,
लक्ष्य, उसी को मिलता है,
सबसे आगे जो रहता है फिर,
उसके पीछे जग चलता है,
वक्त को इतनी दहशत दे दों,
कि हर वक्त, वक्त का होने लगे।

जिन्दगी के हर राज, यह खोलने लगे,
वक्त अच्छा हो तो बन जाता है साथी...
लेकिन,
वक्त बुरा हो तो खुद पे बस भरोसा रखना।।

जिन्दगी के हर राज, यह खोलने लगे,
वक्त अच्छा हो तो बन जाता है साथी...
लेकिन,
वक्त बुरा हो तो खुद पे बस भरोसा रखना।।

29. बदलते लोग

मौसम बदल रहा है,
तुम अपना ख्याल रखना,
बदलता मौसम,
और बदलते लोग,
कुछ ज्यादा तकलीफ देते है,
लोग कहते है खुश रहा करों,
तो सुनों..........
हमेशा तुम मेरे साथ रहा करो,
ना जाने कितने मुश्किलों
को पाल रखा है,
बेशुमारियों को तुमने,
इस दिल को जंजालो,
का घर बना रखा है,
यह शब्द ही है जो,
अकसर दिल को चोट पहुँचाते है,
तसल्ली तो कम मिलती है,
तकलीफ कुछ ज्यादा दे जाती है,
टूटते बनते बदलते लोगों,
की बात कैसे करूँ,
ठहराब की आदी हूँ,
बदलाव की बात कैसे करूँ।।

30. दिलों मे उतरनें का

हार क्या है जीत है क्या,
किंचित 1 भी मुझे भय नहीं,
कर्तव्य पथ पर यू ही,
चलती चल बस अब।
हार क्या है जीत है क्या,
यह तो मन की स्थिति है,
इससे क्या घबराना क्या,
जीत ही जीत के बाद,
हार अवश्य संभावी2 है,
निराश न होना जीवन मे,
क्योंकि हार भी जिन्दगी का हिस्सा है।
कर्तव्य पथ का सारथी हूँ मै,
क्या उचित है और क्या अनुचित,
निरन्तर यह विचार किया मैने,
घटिया परमपराओं को छोड़कर मैने,
विवेक का आश्रय लिया,
माना कि पहुचँ गयी मै,
जीत उचाईयों पर,
पर आज भी हुनर है मुझे,
लोगों के दिलों मे उतरने का।।
1 जरा भी 2 जरूर

31. जीत की अब तेरी बारी है

खुद से करो,
जीत का वादा,
परचम तुम लहराओगे,
सदियों से जो,
सुप्त पड़ा है,
इसको तुम जागाओगे,
आँधी क्या तूफान ही क्या,
विखरे हुए हालात, हो क्या,
हर असम्भव को,
सम्भव करके,
अपनी ज्वाला को आकार दिया।
मुश्किल क्या, दुख है क्या,
आज, है कल टल जाएगी,
मन मे हो विश्वास अगर,
जिन्दगी के हर अंगारों को,
ताजा जख्म, हो या पुराना,
जीवन के संघर्ष पथ पर,
खुद से भी लड़ना पड़ता है।
यकीन का एक वाण उठा तु,
मंजिल में जीत की,
अब तेरी बारी है,
किस्मत को तू,

अब धूल चटा,
किस्मत को सिकस्त देकर,
जीत की अब तेरी बारी है।।

32. बाह्य् संगीत

ब्रहमाण्ड मे व्याप्त है अनाहत नाद,
यह अनाहत नाद न ओमकार है,
न बीज है, न मंत्र है, न अक्षर है,
बिन बजाए जो स्वंय उत्पन्न,
वो मधुर संगीत है विश्व का।
अनाहत कोई ध्वनि नहीं,
यह निध्वनि है,
यह "मौन" है,
मगर सुना जा सकता है,
यह "मौन,
नाशा ने यह रिसर्च किया,
यंत्रो द्वारा सुर्य में,
ध्वनि को रिकार्ड किया,
कुछ और नही यह ध्वनि,
वैदिक ध्वनि ओउम् है,
शिव में मन लीनता का,
ईश्वर को जीतने का।
नाद और अनाहत नाद,
जब टकराएँ आपस में,
हो उत्पन्न यह,
"आहतनाद",
तबला, हारमोनियम,
यह "अनाहतनाद"।

मगर ब्रह्माण्ड में,
हर पल जो स्वंय गूंजे,
वो सिर्फ,
"अनाहतनाद",
इसी से ब्रह्माण्ड मे हो,
रचना स्पंदन की,
यही गूंज गूंज रही है,
हमारे इस काया में,
योगी जब स्वंय से,
"अनाहतनाद" द्वारा करते है योग,
विश्व के मधुर संगीत से ही उत्पन्न...
सा,रे,गा,मा,
सात सुरों का यह संगीत।।

33. उम्मीद

"उम्मीद"
एक ऐसी ऊर्जा है,
जिससे जिन्दगी का,
किसी के अंधेरे जहाँ को,
रोशन किया जा सकता है।
इससे डूबती हुई कश्ती को,
किनारे लाया जा सकता है।
राह में अंधकार हो या,
जिन्दगी का बुझता हुआ दियाँ,
अंधकार को दूर भगाकर,
पार लगाया जा सकता है,
हारे हुए इन्सा को,
जीत, की नई किरण,
उसके दिल में,
जगाया जा सकता है।
रख थाम कर उम्मीद का,
जिन्दगी के "तन्हाई" को दूर कर,
फिर से महकाया जा सकता है,
मर रहे को जिन्दगी का,
जीने की एक नई चाह में,
तब्दील 1 किया जा सकता है,
"उम्मीद" एक ऐसी ऊर्जा है,
जिससे जिन्दगी का,

किसी के अंधेरे को,
रोशन 2 किया जा सकता है।।
1 बदला जा सकता है 2 रौशनी की जा सकता है

34. यादों की कशमकश

यादों के कशमकश से,
भरें होते है,
"जिन्दगी" के पन्ने,
जब हम सोचने लग जाते है,
एक के बाद,
यह यादों के पन्नें,
खुलने लगते है,
और यादें तरोंताजा,
होने लगती है,
चेहरा शान्त होता है,
मगर अन्तमन में,
यादों के पिक्चर,
चलने लगती है,
और हम भी,
यादों के कशमश में,
इस कदर खो जाते है,
कि समय पता ही,
नही चलता.....।।

35. यह हिचकियाँ

वो हिचकियाँ बड़ा सुकून दे जाती है,
जो सिर्फ तुम्हारा, नाम लेने पर रूक...
जाती है,
दिन से रात हुई, मगर हिचकियो ने,
रूकने का नाम ना लिया,
पानी पीया, साँस रोके रखा,
रूकी नही, यह हिचकिया,
फिर क्या, याद आया,
लिया सिर्फ नाम तुम्हारा,
रूक गई यह हिचकियाँ,
यह ''हिचकियाँ'',
याद करता है तो यह हिचकियाँ,
खफा, होता है तो यह हिचकियाँ,
मन में चुप्पी घर कर जाए तो यह "हिचकियाँ",
मन मन मे भूलने की कोशिश मे,
हार कर जाती यह हिचकियाँ,
बाँध के रखा तार मेरा तुम्हारा,
मोहब्बत का एक समा बाँध रखा है,
''यह हिचकियाँ'',
अब हिचकियो को आएँ,
कई मुद्दते बीत गई,
बैठे थे एक आश जमाएँ,
मगर आज हिचकियाँ,

मुझे ना आकर उनको आ रही थी,
पयाम मेरे मौत का,
उनको पैगाम दे रही थी,
यह "हिचकियाँ"।।

36. वो एक हो जाते है

इश्क एक अजीब पहली है,
दिल मेरा है, और धड़कता तुम्हारे लिए है,
इश्क को सुलझाओगे,
मगर, उलझ जाओगे,
उलझना न दिल से निकल,
पाना ही हल, इस पहेली का।
प्रेमिका हुई इश्क के लिए,
इस कदर, बदनाम,
फिर भी आग का दरिया,
जहाँ मे बहता रहा,
रोकने की हर किसी ने,
इमाकत की,
मगर यह आग का दरियाँ है।
कौन इसको रोक पाया है,
इसमें डूब गए, डूबते ही गए,
मानो इश्क, खुदा बन बैठा,
दो दिल जो जुदा है,
वो एक हो गए।।

37. वक्त तेरा बदल जाए

सिंह जिस चट्टान मे बैठ जाए,
वह चट्टान उसका सिंहासन होता है,
इसलिए हे मानव तू उठ,
सिहांसन पाने के लिए नही,
सिंह बनने का प्रयास कर,
जहाँ तू बैठ जाए वह तेरा,
सिहांसन खुद बन जाए,
खुद पर विश्वास तु रख,
वक्त तेरा बदल जाए।
हे, मानव तु सब कुछ कर सकता है,
हाँ, विश्वास दृढ़ हो,
भरोसा अपने आप हो,
अपने अन्दर हिम्मत जुटा,
अपने वक्त को बदल दे,
तेरे से वक्त है तु वक्त से नही,
खुद पर विश्वास रख,
वक्त तेरा बदल जाए,
हे मानव इस दुनिया मे,
तुझ सा नही,
तेरे हुंकार मे वो दम है,
सारी कायनात बदल तु दे,
सारी दुनिया भी थम जाए,
खुद पर विश्वास रख,

वक्त तेरा बदल जाए।
हे मानव जीवन में सजे है कुछ सपने,
हर हाल मे पूरे तुझे करने है।
हजारों मुश्किल आएँगी तेरे राहों पर,
मुश्किलो को तुझे झुकाना है,
क्या हुआ, जो नही हो सके,
ऐसा कुछ ढूढ के तू लाए,
खुद पर विश्वास तू रख,
वक्त तेरा बदल जाए।।

38. भाषा

• 57 •

मैने भाषा को मुख,
बाते करते हुए देखा है,
मैने कई कई भाषाओं को,
एक ही लय में भी देखा है,
मैने जानवरों को भाषा की,
एक ही लय मे देखा है,
आदमी को घरों मे ही नहीं,
भाषा को भी निवस्त्र होते हुए भी देखा है,
भाषा दम तोड़ रही होती थी,
मूक अपने चरम में होता था,
भाषा तो हार गई मगर,
मूक जीत गया।।

39. मैं इंसा हूँ

मै इंसा हूँ,
मंजिल मे पहुँचने,
से पहले हार जाती हूँ,
गिरती हूँ सम्भलती हूँ,
फिर से नई ऊर्जा को,
अपने मे समेट कर,
चल पड़ती हूँ।
चलती हूँ, चलती ही जाती हूँ,
थक के चूर हो जाती हूँ,
गहरी नींद ले,
नई ऊर्जा के आयाम को,
अपने मे समेट कर,
चल पड़ती हूँ।
कभी मै बहुतबिखर जाती हूँ,
मन मेरा मुझसे खिन्न हो जाता है।
भटकी हुई मंजिलो में,
नया रास्ता निकालने की कोशिश,
नई चेतना नई उमंग,
उनको समेठकर,
चल पड़ती हूँ।।

40. जरूरतों के संग

इच्छाओं के रास्ते,
बड़ी दूर तक जाते है,
बहेतर है कि हम,
जरूरत की गली में,
मुड़ जाए।
इच्छाओं का समुद्र,
बहुत विशाल होता है,
समुद्र के विशाल लहरों मे,
गोते खाता रहता है,
भटकता रहता है,
जीवन के हर मोड़ मे,
एक नई इच्छाओं का जन्म होता है,
खुद से खुद को जानने की इच्छा,
यह सफर खत्म किया तो,
दूसरे सफर में जाने की इच्छा,
किसी को भूल गए तो,
याद करने की इच्छा,
दूसरों की मदद करने की इच्छा,
इच्छाओं का कोई अन्त नहीं होता,
मगर जरूरतो का एक मुकाम होता है,
तन की जरूरत, मन की जरूरत,
कोशिश भी करोगे अगर,
चल देगी चुपचाप,

रह जाओगे निनान्त,
तुम अकेले जरूरतों के संग।।

41. अल्फास

कभी कभी में अल्फास,
साथ नही देते,
बजाती हूँ साज तो,
साथ नही देते।
कभी-कभी भटक जाती है,
दूर आसमान की,
गहराईयों में......
मगर मंजिल मे,
पहुँचने से पहले,
तन्द्रा मेरी टूट जाती है।
मुझसे मेरा हर एक,
लम्हा दूर होता गया,
माँझी से मुलाकात हो गयी,
मगर समुद्र का किनारा न मिला।
सोचती हूँ, कमीरह गई कुछ शायद,
कुछ या,जितना था, वो काफी ना था,
जिन्दगी तू ही हमें समझाएगी,
हमने तो अपना सारा जहाँ लूटा दिया।।

42. कभी-कभी गुच्छे की आखिरी चाबी

इंसान ने पूछा वक्त से,
मे हारा क्यो जाता हूँ,
वक्त ने कहाँ, काली रात से,
मै भयंकर बरसात हो,
धूप हो या छाँव हो,
सम्भलता हूँ रूकता हूँ,
मै हमेशा चलता जाता हूँ।
कभी घड़ी की टिक-टिक,
चलते हुए देखा है,
ऐ इन्सान तू भी चल,
रूक मत, प्रयत्नशील बन,
आगे तू चलता ही चल,
क्योकि कभी कभी गुच्छे की,
आखिरी चाबी से,
ताला खुल जाता है।।

43. खुशमिजाज दोस्त

तू कितनी भी हसीन क्यो न हो ऐ,
"जिन्दगी",
खुशमिजाज दोस्त के बगैर,
अच्छी नही लगती।
इसलिए खुशमिजाज दोस्तो का,
एक रिश्ता जरूर होना चाहिए,
साथ जिसका पाकर चमक,
जाए "जिन्दगी",
दोस्तो मे दोस्त के लिए,
एक सुरूर होना चाहिए,
जिसको जज्वा 1 हो दोस्त,
से ना दूर जाने का,
जिन्दगी में एक दोस्त ऐसा,
"कोहिनूर" होना चाहिए।
दोस्त को दोस्ती का,
गुरूर होना चाहिए।
वैसे हर खुशी तकलीफ,
दोस्त के साथ जीया जाए,
जीत हो या हार,
एक दूसरे का, साथ दिया जाए,
कभी हम रूठ जाए तो,
दोस्त हमकों मनाँए,
कभी दोस्त रूठ जाए तो,

हम दोस्त को मनाएँ,
सिलसिला यह जिन्दगी का,
कुछ ऐसा चलता जाए,
तू कितना दूर भी क्यों ना हो,
गम हो या खुशी,
खुशमिजाजी के साथ,
मेरे साथ सदा होता है।।

1. भावना

44. मिट्टी

मिट्टी ही देती है,
पैरों में मजबूत पकड़,
अक्सर, संगमरमर पर मैने,
पैरों को फिसलते देखा है।
मिट्टी की सुगन्ध, खुशबू,
जीवन में प्रसन्नता,
आनन्द ही सुख की,
करती है अनुभूति,
और जब भी सौन्धी, खुशबू,
पुकारती है बरसातों मे,
उस प्यारी खूशबू से,
मदहोशी सी आ ही जाती है।
सिर्फ मेरा ही नहीं,
दस्तूर सभी का होता है,
हर किसी का दिल,
मिट्टी की मासूमियत से,
चूर होता है।
हाँ माना हर किसी को,
लगाव शायद नही होता,
पर मिट्टी से बने हम सब,
इस सच से सरोकार कैसे होगा,
ईश्वर का फरमान है,
तुम मानो या ना मानों,

मिट्टी से आगाज हुआ है,
मिट्टी ही है अंजाम।।

मिट्टी से आगाज हुआ है,
मिट्टी ही है अंजाम।।

45. नारी

हे नारी तोड़ दो खुबसूरती,
के यह झूठे मानक,
यह दूर करता तुमसे,
तुम्हारी खुद की पहचान।
अपने स्वप्न स्वंय अपने आप,
पूर्ण करने के लिए,
थोड़ा विश्वास, थोड़ी निडरता,
अपने हृदय मे लाना होगा।
मोहक रूप से लबालब,
मगर नाजुक मात्र नही हो तुम,
हर चुनौती को हँस के सामना,
बनाई अपनी, पहचान अलग,
अधिकारों को हथियार बनाकर,
अपना लोहा मनवाना होगा।
भावनात्मक रूप से कमजोर तुम,
सबलता से आगे बड़कर,
जीत का हर पंचम,
लहराना होगा।
जीवन की सुखहाली के लिए,
महत्वपूर्ण फैसले स्वंय लेकर,
बिखरी टूटी, उम्मीदों को ज़ोड़कर,
अपने आपको को संशकत बनाना होगा।।

46. मातृभूमि की रक्षा करने की खातिर

सौगन्ध मुझे इस मिट्टी की,
अपना मै, इस मिट्टी में,
अपना फर्ज निभाऊँगी,
वचन मेरा है, भारत माँ को,
अपना मै, कर्ज चुकाऊँगी,
देश में इन आंतकियों को,
इस मुल्क से मिटाने का,
अपना धर्म निभाऊँगी,
मातृभूमि की सेवा में,
मैने कसम अब खाई,
ना भटकेगे, ना अटकेगें,
भारत माता की अस्मिता को,
दाग नही लगने देंगे।
आँधी आए या तूफान,
चाहे राहों में आए चट्टान,
दिल में अब उफान भरा है,
ना डिगेगे ना हटेगें,
जन्म लिया इस मातृभूति में,
आओ हम सब इस देश के लिए कुछ कर जाए,
वीरों की पावन धरती में,
आओं अपना शीश झुकाएँ,
है दुश्मन बलवान बहुत,

धन भी उनमे अकुट भरा,
बस यही, सोचते है अब हमको,
करना है इन पर विजय।
देश की इस मिट्टी को,
पूर्ण षड्यत्रों के तहत,
मातृभूमि की इस बेटी पर,
दुश्मनों ने, देश के,
देशभक्त चौदह वीरों को,
रक्त से जड़जड़ित कर डाला।
मातृभूमि की सेवा में,
तत्पर आज हर एक इन्सान खड़ा,
खून का हर एक कतरा,
पुकार रही है,
मातृभूमि की रक्षा करने के खातिर।।

47. अकेले ही मंजिलों से बातें

ख्वाब से जगने, लगने लगी अब,
पहले से बेहतर खुद को समझने लगी अब,
पहले मै कुछ ऊंची उड़ान उड़ती थी,
मै जमी पर चलने लगी अब,
क्या बुरा है क्या भला है,
दुनियाँदारी को समझने लगी अब,
चेहरों पर चेहरें को बखूबी से,
पढ़ने लगी हूँ अब,
दुनियाँ की भीड़-भाड़ से,
कुछ हट के चलने लगी अब।
अक्सर मै शोर से घबरा जाती हूँ,
इसलिए खामोशी से बात करने लगी अब,
परवाह नही कोई मेरे साथ आए,
अकेले ही मंजिलो पे चलने लगी अब।।

48. सम्बन्ध

सम्बन्ध बनाना,
ऋण लेने से आसान है,
किन्तु सम्बन्ध निभाना,
किश्त भरने जैसा कठिन है।
सम्बन्ध केवल शब्द नही होता,
जो उसको सहेज दे शब्दकोश में,
सचमुच यह सम्बन्ध,
अपनत्व के सागर से,
अहसास होता है डुबे हुए क्षणों का।
दूर सब दिखावों से,
हर एक लम्हा जिन्दगी के,
समेट लेता हैं अपने अन्दर।
व्याख्या नही हो सकती,
सम्बन्ध निभाने की,
यह किताबी नही होते,
न ही सजाए जा सकते है,
क्योंकि यह आत्मयीता से भरें होते है,
स्नेह की अन्देखी डोरी,
यह बाँधता है हम सबको,
इसलिए सच्चे सम्बन्ध सामाहिक नहीं होते,
यह स्थाई रहकर सुख देते है मन को।।

49. हवा और मौसम

हवाएँ मौसम का रुख बदलती है,
और दुआएँ मुसीबत का,
हवा कहने लगी मौसम से,
मेरी हवाओं के झोकों को देखों,
देखो मेरी चाल मस्तानी,
जरा छूकर मुझे देख लो,
भाग जाऊँगी कही भी,
चंचल सी बनकर,
महसूस करलो मुझे,
मुस्कराना सिखा जाऊँगी।
मौसम कहने लगा हवा से,
मेरे मौसम भी है निराले,
ठण्ड, ग्रीष्म, बरसात और बसन्त,
भाँति के है रूप मेरे,
सबको अपनी तरफ में लुभाती,
हर ऋतुएँ सबको भाएँ,
ठण्ड में मै सर्द हवाएँ सी बनकर,
ठिठुर जाते सबके अंग-भंग,
ग्रीष्म मे मैं लू बनकर,
झूलसा देती तपन बनकर,
बरसात में भी मेरा अनोखा रंग,
सिर से लेकर पाँव तक,
झिनझोर देती सबके तन मन,

बसन्त मे मै कोमल कली बनकर,
चंचल, नीर, नवल भू यौवन,
विरह मिलन के खुले प्रीति व्रण,
देव हुआ फिर नवल युगागम,
स्वर्ण धरा का सफल समागम।।

50. रोटी मुहय्या करा

मैनें भूख से छटपटाती हुई,
एक आत्मा देखी,
धीरे-धीरे वो शरीर से,
अलग हो रही थी,
ऐ रोही तू अपना पता तो बता,
जहाँ तू बरबाद हुआ करती है,
भूखों का मसीहा बन,
भूखों का पेट तू भरती है,
भोली आँखों से भूख,
और प्यास टपक रही थी,
नन्ही सी लौ, उम्मीद रोटी की लगाए,
आस लिए दमक रही थी,
पूरी कायनात उसकी चेहरे में,
से चमक रही थी,
फेंक रहे थे खाना क्योकि,
रोटी कुछ, जली सी थी,
इज्जत से फेकना साहेब,
मेरी बेटी कल से, भूखी है,
मगर इन हवाओं में,
थोड़ा सा भी दम है,
तो इस आग को बूझा,
भूख से बेहाल, इनका पेट,
दवा से पहले तू,

रोटी मुहय्या करा।।

51. नारी सशक्तिकरण

उड़ने दो मुझे,
मुझे पँख फैलाने दो,
मैं तुम्हारें आँगन की,
एक हल्की मुस्कान हूँ,
हाड़ माँस की एक काया हूँ,
अत्याचार से मुक्ति के लिए,
अब रोद्र रूप बनाया है,
मेरे अन्दर आग भरी है,
बन भानु जोत फैलाया है,
अब अन्याय सहन नहीं करना,
अपना हर कर्तव्य मै निभाऊँगी,
किन्तु शोषित नहीं रह पाऊँगी,
अपने लक्ष्य को हासिल करनें,
हर चुनौती पार मैं कर जाँऊगी,
आज उड़ान भरी है मैनें देखों,
अपनें सपनें को साकार,
धीरे-धीरें रूप को अपने,
दे रही हूँ आकार,
अबला नारी कह कर लोगों नें,
शोषित बहुत कर डाला,
खुद को सशक्त कर मैनें अब,
नारी सशक्तिकरण कर डाला।।

52. जिन्दगी को खुलकर जीलो

क्या ढूढ़ते हो दुनिया में,
सब कुछ तो तुम्हारे अन्दर है,
अपने मन की गहराई समझों,
अपने अन्तमन में झांकों अगर,
ब्राह्माण्डको हर एक कण आपके अन्दर,
बस इसको खोजो तो तुम,
रूक कर खुद से बातें कर लो,
अन्तमन को शांत तो कर लो,
योगा, व्यायाम को आदत बनाकर,
जीवन को खुलकर जीयो,
बस जीवन के यह रहस्य समझों,
आरोग्य, सुखमय, चिन्ता मुक्त,
को जीवन मे अपनाकर,
जिन्दगी को खुलकर जी लो।।

53. सात चक्र

शरीर में सात मुख्य चक्रो, का है वास,
जो सातों, चक्रों को करता है पार,
मानव से महामानव बन जाता,
प्रतिभाशाली और बन जाता।
पहला चक्र, है रूट का,
लाल रंग है आभा इसकी,
"लम" बीज मंत्र है इसका,
यह शरीर को सुरक्षा देता।
दूसरा चक्र है, स्वाधीष्ठान,
नारंगी रंग की आभा इसकी,
"ब्योम" बीज मंत्र है इसका,
दूर करता है मन की चंचलता को,
रोग त्वचा की ओर भगाता,
नए-नए अविष्कार करने लगता।
तीसरा चक्र है मणीपुर का,
पीले रंग की आभा इसकी,
"रम" बीज मंत्र है इसका,
पद, प्रतिष्ठा, और धन से भर देता,
जीवन में निर्भरता, ताकत और दिलाता,
जीवन में आत्म विश्वास आ जाता।
चौथा चक्र है अनाहद (हृदय) का,
हरा रंग है आभा इसकी,
"यम" बीज मंत्र है इसका,

प्रेम, दया, करुणा से भर देता,
भावात्मक सेवा भाव यह जगाता,
सामने वाले को समझने मे मदद ये करता।
पाँचवा चक्र है "विशुद्दी "का
आसमानी नीला रंग की आभा,
"हम" बीज मंत्र है इसका,
ज्ञान वान यह बनाता,
ठीक ढंग से बात करने की उत्सुकता भी जगाता।
छटा चक्र है आज्ञा का,
गहरा नीला है आभा इसकी,
"ओउम्" बीज मंत्र है इसका,
दिव्य शक्तियों को जगाता,
दूर दृष्टि भरपूर बन जाता।
सातवाँ चक्र है "क्राउन" का,
"सफेद" "बैगनी" और "सुनहरा" रंग है इसकी आभा,
सफेद रंग है शांति का अनुभव यह करता,
बैगनी रंग है आत्मा का रंग,
सुनहरा रंग है दिव्य ऊर्जा परमात्मा का,
इसका कोई भी नही बीज मंत्र,
शुन्यता का अनुभव कराती,
शरीर का आखिर बिन्दु है,
महान चेतना हो जाती विकसित,
हो जाता मन बिल्कुल शांत,
भौतिक शरीर पाकर मानव,
इस चोटी पर बन जाता महामानव।।

54. मै मकड़ी हूँ

मै मकड़ी हूँ,

घर के कोने के किसी कोने मे,

बनाती मै अपना घर नया,

मैं हानिकारक कीड़े खाता,

और पौधों के परागण में सहयोगी बन जाता,

मै औरों की तुलना मे खाती कीड़े ज्यादा,

मेरे खून का रंग होता नीला,

मादा मकड़ियाँ ज्यादातर बड़ी होती है मुझसे,

लोग सैकड़ो साल पहले,

मेरे ही जालों को लगाते थे अपने घावों पर,

मै अपने पैरों के छोटे-छोटे बालों की ,

मदद से सुनऔर सुधँ भी लेता हूँ अक्सर,

लेकिन मुझे दुख इस बात का है,

कि मै उड़ नही सकता,

मै अपने रेशम के द्वारा,

झूलते हुए नजर आता हूँ अक्सर,

मुझे दुख इस बात का,

मेरे दाँतँ नही होते,

नही काँट चबा पाता मै अपना भोजन,

मै अपने अन्दर एक प्रकार का,

पाचक रस भरकर फिर,

मै अपना खाना चूस लेता हूँ।

मैं सिर्फ एक या दो साल तक......

ही जीवित रहता हूँ,
मेरे आँठ आँखे भी होती,
जिससे हर जगह निगाह रहती मेरी,
मेरे अन्दर नही होता है जहर,
हाँ कुछ साथी है मेरे जो होते जहरीले,
और एक और दुख है मेरा,
मै जिन्दा घर के बाहर नही रह सकता,
इसलिए घर के किसी कोने में,
अपना अनुकुलित जीवन कर लेता हूँ।।

55. सोच में परिर्वतन

अनुभूति अहसास सोच से,
व्यवहार में परिर्वतन आता है,
क्षण भर में ही जिन्दगी जीनें का,
किसी के प्रति सोच का,
बदल जाता दृष्टिकोण।
हम सभी, इसलिए उलझनों मे है,
क्योकि हमने स्वंय रच लिया,
घटनाएँ अपने ईद-र्गिद,
संसार उलझनों का।
मै नहीं कहती हूँ कि,
तकलीफ, परेशानी नहीं है किसी को,
पर क्या, निराशा या नकारात्मक,
विचारों, से बदल सकते है परिस्थितियों को।
हाँ आवश्यकता है,
एक आशा, एक उत्साह भरी....
सकारात्मक .सोच,
फिर अनुभव होगा,
आपको अपने अन्दर,
तत्क्षण1 परिर्वतन का,
उस लहर में,
हताशा की मरूभूति,
सुरभित 2 हो उठेगी,
नन्दन बन की भाँति।।

1. जल्दी 2 खिलना

56. उसको कर देता परिपूर्ण

जब रचना ब्रह्माण्ड की हुई,
भर दिया ब्रह्माण्ड को, सब खुबियों से,
इसमें 96 प्रतिशत ऊर्जा है,
जिसको छू नही सकते,
4 प्रतिशत पदार्थ को हम,
जिसको छू सकते है,
महसूस कर सकते है।
यह ऊर्जा ही पदार्थ का स्त्रोत है,
इस ऊर्जा द्वारा ही हम सब,
निर्माण कर सकते है,
अपने सपनो को,
आध्यात्म का ज्ञान,
अदृश्य और दृश्य,
अदृश्य ही दृश्य का स्त्रोत है,
जैसा हम कम्पन देते है ब्रह्माण्ड को,
वैसा ही ब्रह्माण्डप्रतिक्रिया करता है,
दो ब्रह्माण्डऊर्जा,
विद्युतीय ऊर्जा और चुम्बकीय ऊर्जा,
विद्युतीय ऊर्जा, कार्य कर जाता जीवन में,
चुम्बकीय ऊर्जा कार्य नहीं कर पाता,
जो दया करूणा भर लेता अपने अन्दर,
ब्रह्माण्ड भी चुम्बकीय गुण देकर,

उसको कर देता परिपूर्ण।।

57. साथ आएँगी जीवन

कोई भी पौधा बिना,
बीज के पनपता नहीं,
कोई भी क्रिया,
प्रतिक्रिया के बिना,
होता नहीं,
दुख सुख दोनो ही,
अन्दर है हमारे,
जैसे हम करते जाते है क्रिया,
वैसे ही प्रतिक्रिया,
घटित होती है,
हमारे साथ,
बिना सोचे समझे,
कुछ भी होता है,
वो है हमारी सोच,
क्रिया बिना सोच नही होता,
बिना वजह कुछ नही होता,
यह दुख का बीज कभी,
बोया था हमनें,
वो आज पौधा बन गया,
कोई कार्य हम लगातार करते,
वो आदत बन जाती जीवन में,
नीम का बीज जाने अनजाने,
वो देते हो जीवन में,

वैसे कड़वाहट, उत्पन्न,
होता जीवन में।
सही दिशा में जाओगें तो,
खुशियों की छाया,
साथ आएँगी जीवन में।।

58. इश्क की शुरूआत होती है

आपके ख्यालों, से शुरू होता है दिन,
आपके, ख्यालों पर खत्म रात होती है,
मगर साथ न होते हुए भी,
मुकम्मल हर बात होती है,
अहसासों के साए में डूब कर जाना,
रूह से भी मुलाकात होती है,
आँखों में आए एक के अश्क,
तो दूसरें की शुरूआत होती है,
एक को लग जाए चोट तो,
दुसरे को भी मुलाकात दर्द से होती है,
अहसासों के संग गुजारी यादे साथ होती है,
साथ नही है फिर भी रोज मुलाकात होती है,
मेहरबा मुझ पर सारी कायनात होती है,
अहसासों के साथ में,
इश्क की शुरूआत होती है।।

59. नींबू

नजर अंदाज करें सब मुझकों,
पर काम बड़े में आती हूँ,
जिन्दगी के हर मोड़ पे,
सबको अपनी ओर लुभाती हूँ।
नजर उतारू कभी मै सबकी,
कभी घर-दुकानों मे, मैं टंगी मिल जाती हूँ,
पर कुछ भी मानों आप लोग,
मैं काम सभी के आती हूँ।
बेस्वाद खाने में स्वाद भर देती,
चटनी में भी मै समा जाती,
गर्मी मे, तो हर पल मै,
रामवाण बन जाती।
फिर भी कभी नही छोड़ती अपनी अच्छाई,
हर कदम से कदम आप लोगों के मिलाती,
अपने एहसासों को नींबू निचोड़ कर,
अपने इश्क की शिंकजी आपको पिलाती।।

60. 2021 और 2022 का रिश्ता

2021 और 2022 का रिश्ता,
पुरानी याद और, नए वादों का किस्सा,
एक 2022 के लिए राह दिखा रहा,
तो, 2021 ने बहुत ठोकर खाई,
वैसे तो दोनो का वही चेहरा,
उतनी ही ठण्ड उतनी राते,
एक मे रात तो दूसरा सवेरा,
एक में आँस तो दूसरी में याद,
एक मे विश्वास तो दूसरे को तजुर्बा,
मगर दोनों की पहचान अलग है,
दोनों के अंदाज भी अलग है,
यू तो 2021 से 2022 का,
365 दिन का है सफर,
इसमें एक बिछड़ता है तो,
दूसरा गले लगाता है,
एक का तो बिछड़ने के वियोग में...
उत्सव मनाते है,
तो दूसरे के आगमन मे उत्साहित...
हो जाते है,
वैसे दोनो नाजुक बहुत है,
एक मे तर्जुबा है तो दूसरे में गहराई।।

निष्कर्ष

मेरी काव्य रचनाएँ एक नयी आशाओकी किरण मे सभी तरह के मिले जुले विचारों का समावेश है। जैसे प्राकृतिक और आध्यात्मिक रहस्य आशा विश्वास नारी सशक्तिकरण सामाजिक कुरीतियों को दूर करने का प्रयास। राष्ट्रवाद को बढ़ावा प्यार आत्मबिश्वासका प्रबल और दिन प्रतिदिन के दिनचर्या आदि को दिखाने का प्रयास किया गया है तथा जिंदगी मे कठिनाइयों को दूर करके आगे बढ़ने काजज्बाविचारों के साथ अपने मस्तिक के रचनात्मक पक्ष को पोषण देने और ज़िन्दगी के व्यथाओ को तनाव से मुक्त करेगा।

आपके सुझाव हमारे लिए बहुत महत्पूर्ण है इसलिए कृपया अपने सुझाव साँझा करने के लिए हमे इसके द्वारा संपर्क करे ।।

1310.sapna@gmail.com